BEI GRIN MACHT SICH IHR
WISSEN BEZAHLT

- Wir veröffentlichen Ihre Hausarbeit,
  Bachelor- und Masterarbeit

- Ihr eigenes eBook und Buch -
  weltweit in allen wichtigen Shops

- Verdienen Sie an jedem Verkauf

Jetzt bei www.GRIN.com hochladen
und kostenlos publizieren

Wertvorstellungen moderner Führung

Maxi Schwab

Bibliografische Information der Deutschen Nationalbibliothek:

Die Deutsche Nationalbibliothek verzeichnet diese Publikation in der Deutschen Nationalbibliografie; detaillierte bibliografische Daten sind im Internet über http://dnb.d-nb.de abrufbar.

ISBN: 9783346612700
Dieses Buch ist auch als E-Book erhältlich.

© GRIN Publishing GmbH
Nymphenburger Straße 86
80636 München

Druck und Bindung: Books on Demand GmbH, Norderstedt Germany
Gedruckt auf säurefreiem Papier aus verantwortungsvollen Quellen

Das Buch bei GRIN: https://www.grin.com/document/1169324

Hochschule für angewandtes Management

Fachbereich: Wirtschaftspsychologie

Sommersemester 2018

Studienarbeit

Modul: Anwendungsorientiertes Modul 1

vorgelegt von

Maxi Theresa Schwab

4. Semester

Tag der Einreichung: 10.09.2018

Inhaltverzeichnis

1 Einleitung

Mitarbeiter haben heute eine andere Erwartung an ihre Vorgesetzten. Führung ist mittlerweile der „Blick über den Tellerrand", der es einer Führungskraft ermöglicht, das eigene Welt- und Werteverständnis zu verlassen und das des Unternehmens und der Mitarbeiter einzusehen und zu verstehen. Auch im Personalbereich der Unternehmen wird erkannt, dass der Mensch eine überaus wichtige Ressource im Unternehmen darstellt. Die Entwicklungen im wirtschaftlichen, aber auch gesellschaftlichen Umfeld haben dazu geführt, dass der Fokus nun verstärkt auf den Bedürfnissen der Menschen und die Erfüllung dessen liegt. Wichtig zu klären ist, wie Werte und Personalführung miteinander verbunden werden können und welche Auswirkungen dadurch auf die Arbeitnehmer entstehen. Dazu soll zuerst ein Überblick darüber gegeben werden, was unter Werten und Personalführung zu verstehen ist. Weiterhin wird geprüft, weshalb gerade eine Führung mit Werten wichtig ist. Anhand von Beispielen soll verdeutlicht werden, wie eine werteorientierte Führungsweise konkret im Arbeitsalltag aussehen kann. Im letzten Schritt wird geprüft, inwieweit sich wertebasierte Führung innerhalb des Unternehmens lohnt. Dazu werden die Aspekte Motivation, Loyalität und Identifikation des Arbeitnehmers mit dem Unternehmen näher untersucht und abschließend mit dem auf Werten basierenden Führungsstil in Verbindung gebracht.

2 Werte und Personalführung angesichts gegenwärtiger Trends

2.1 Definitionen

2.1.1 Werte

Werte sind „Ideale, die Maßstäbe für unser individuelles Handeln setzen. (…) Sie sind die Basis für unser Tun, der Kompass für unsere Entscheidungen, das Fundament für unsere Existenz." (Holthaus,2011, S. 13). Aus dieser Definition lässt sich ableiten, dass Werte in jedem einzelnen Menschen verankert sind und dass sie die Handlungsweise bestimmen. Werte sagen dem Einzelnen, ob etwas gut oder schlecht ist, ob man etwas akzeptiert oder ablehnt, was einem antreibt und was ihn unglücklich macht. Werte geben Orientierung und Halt. So wichtig Werte im Leben sind, so schwer sind sie greifbar. In einer anderen Erklärung heißt es, dass Werte dazu beitragen, dass das Zusammenleben in einer Gesellschaft oder sonstigen Gruppe ermöglicht wird (vgl. Scheitler/Wetzel, 2007). Betrachtet man beide Erklärungsansätze, ist festzustellen, dass sie sich ergänzen. Das beruht darauf, dass Individuen in der Regel auch in sozialen Gemeinschaften eingebunden sind. Als Beispiele lassen sich die Gesellschaft, das Arbeitsumfeld oder der Familien- und Freundeskreis nennen. Werte, die das Individuum durch diese Gemeinschaften vermittelt bekommt, werden Teil des Individuums und somit zur Grundlage des Denkens und Handelns. Diese Werte wiederum werden erst dadurch innerhalb einer Gesellschaft gültig, indem ein Großteil der Mitglieder diese akzeptiert und als notwendig erachtet (vgl. Duncker, 2005). Somit ist ein wechselseitiger Einfluss zwischen Gesellschaft und Individuum zu beobachten. Abgesehen davon sind personelle Faktoren wie z. B. das Alter oder die Bildung ebenfalls von großer Relevanz für die Prägung von Wertevorstellungen im Menschen (vgl. Rothenberger, 1992). Grundsätzlich gibt es keine einheitliche hierarchische Ordnung der Werte. Jedoch werden z. B. Freiheit, Gleichheit und die Menschenwürde von vielen Menschen als Grundwerte bezeichnet (vgl. Wollert, 2001). Diese Werte finden sich auch im Grundgesetz der Bundesrepublik Deutschland und stellen einen ethischen Handlungsrahmen dar, der seit der Gründung der Bundesrepublik besteht und auch heute noch aktuell ist (vgl. Frölich-Steffen, 2005). Weitere "Begrifflichkeiten wie Respekt, Schutz, Einklang, Impulsivität, Klarheit, Status, Empathie oder Toleranz und viele andere mehr fallen unter den Begriff Werte. Jeder Mensch hat nicht nur ganz individuelle Werte, sondern auch unterschiedliche Rangfolgen der einzelnen Werte. Für den einen bedeutet „Einklang" beispielsweise, Job und Privatleben harmonisch unter einen Hut zu bekommen. Für den anderen besteht bereits Einklang, wenn er seine gesteckten Ziele erreicht hat – auch wenn andere dadurch den Kürzeren gezogen haben." (Krumm, 2015, S.38f.). Schlussfolgernd lässt sich sagen, dass Werte gerade dann von Bedeutung sind, wenn es um das Zusammenleben von sozialen Gruppen geht. Durch die Festlegung wichtiger Werte wird somit ein ethisches Grundgerüst geschaffen, die dem Handeln des Individuums Orientierung bieten.

2.1.2 Personalführung

Bei der Untersuchung der Frage, was Personalführung bedeutet, ist festzustellen, dass es verschiedene Ansichten gibt, von denen man jedoch sagen kann, dass sie aufeinander aufbauen. Comelli/Rosenstiel betonen, dass es im Wesentlichen um eine „zielbezogene Einflussnahme auf arbeitende Menschen" geht (2009, S. 83). Ein wesentlicher Anteil der Beeinflussung geschieht seitens des direkten Vorgesetzten. Die Kommunikation auf verbaler und nonverbaler Ebene ist dabei das wichtigste Mittel, um Mitarbeiter zu steuern. So sind Gespräche mit den Mitarbeitern für Führende wichtig, um beispielsweise Ziele zu vereinbaren, Aufgaben zu erklären oder positive und negative Kritik zu üben. Auf der anderen Seite wirkt sich auch das persönliche Verhalten des Vorgesetzten auf seine Mitarbeiter im Positiven oder Negativen aus (vgl. Comelli/Rosenstiel, 2009). Personalführung dient dazu, ein bestimmtes Ziel durch die Hilfe Anderer zu erreichen. (vgl. Wollert, 2001). Mit dieser Aussage wird die Wichtigkeit der Menschen innerhalb der Unternehmen betont. Nur durch die Mitarbeiter, die ihr Wissen und Können effektiv einsetzen, wird eine Zielerreichung im Unternehmen möglich. In diesem Zusammenhang ist es von Bedeutung, wie die Mitarbeiter geführt werden. Dabei besteht die wichtigste Aufgabe der Führungskraft daraus, „ein Arbeitsumfeld zu schaffen, das die Weiterentwicklung des Unternehmens sichert und die Motivation der Mitarbeiter aufrechterhält." (Petz, 1997, S.34). Demnach trägt die Art und Weise, wie ein Vorgesetzter führt, sehr viel dazu bei, wie die Arbeitsleistung und letztendlich das Arbeitsergebnis aussieht.

2.2 Führungskräfte in Konfrontation mit vielfältigen Veränderungen

2.2.1 Wandel in der Gesellschaft

Statistische Untersuchungen belegen, dass die Bevölkerungszahl in Deutschland stetig abnimmt. Dies lässt sich dadurch erklären, dass die Geburtenzahl sinkt. Statistische Berechnungen, die sich mit der Erhaltung der Bevölkerungszahl befassen, zeigen auf, dass die Anzahl der Neugeborenen unter einem Drittel der notwendigen Zahl liegt. Des Weiteren steigt die durchschnittliche Lebenserwartung, was zur Folge hat, dass die Altersstruktur sich immer weiter verschiebt. Das bedeutet, dass einer wachsenden Zahl von älteren Leuten, eine kleiner werdende Zahl von jungen Menschen gegenüber steht. Außerdem ist zu berücksichtigen, dass die Anzahl der Menschen mit Migrationshintergrund auch zunimmt. Die Unternehmen müssen sich darauf einstellen, dass ihre Belegschaft immer älter wird (vgl. Spat/Ilg 2005, S. 20-22). Ein anderer Aspekt ist der Wertewandel. Wertewandel bedeutet, dass Werte sich an die Gegebenheiten in der Gesellschaft anpassen und sich nicht die Werte selbst ändern.(vgl. Duncker, 2005). Werte unterliegen auch einer geschichtlichen Entwicklung, wenn man bspw. den Stellenwert der Frau betrachtet. Werte können aufgeteilt werden auf Pflicht- und Akzeptanzwerten sowie Selbstentfaltungswerten auf der. Unter Pflicht- und Akzeptanzwerten werden z. B. Fleiß, Pünktlichkeit und Zuverlässigkeit verstanden. Als Selbstentfaltungswerte werden freie Meinungsäußerung, Partizipation und Selbstverwirklichung genannt. (vgl. Wollert, 2001). Im Rahmen des stetigen generationsbezogenen Wertewandels und der Berücksichtigung, das Werte im Zusammenhang zueinander stehen, werden sich immer wieder ganze Wertegefüge verschieben. Diese Betrachtungsweise des Wertewandels erscheint als plausibel, da Werte tatsächlich nicht isoliert für sich stehen, sondern Teil eines Wertegefüges sind. Es zeigt sich schon im Alltag, dass z. B. ehrliche Menschen gleichzeitig auch andere Werte wie Pünktlichkeit oder Gewissenhaftigkeit aufweisen.

Tatsächlich ist zu beobachten, dass das Streben nach Individualität und Selbstverwirklichung zugenommen hat. Viele Menschen streben z. B. danach, sich beruflich weiterzuentwickeln und Erfüllung in der Arbeit zu finden. Werte wie Offenheit und Ehrlichkeit haben unter dieser Entwicklung oft zu leiden, wie zahlreiche Beispiele aus der Realität zeigen. Ein weiterer wichtiger Gesichtspunkt ist, dass die Gesellschaft ihr Interesse vermehrt auf das Verhalten der Unternehmen richtet und auch in der Lage ist, unethisches Verhalten z. B. durch Protestaktionen zu strafen. Das Image eines Unternehmens gewinnt zunehmend an Bedeutung (vgl.

Frey et al., 2004). In dem Zusammenhang wird auch von einem Trend zu einer kritischeren Gesellschaft gesprochen. (vgl. Wollert, 2001). Gefördert wird diese Entwicklung damit, dass die neuen Medien immer bessere Möglichkeiten bieten und Informationen sich schneller verbreiten.

Führungskräfte sind angesichts dieser Veränderungen innerhalb der Gesellschaft dazu aufgerufen, sich vermehrt mit den Werten zu befassen. Angesichts der immer älter werdenden Arbeitnehmer und der wachsenden Anzahl der Menschen mit Migrationshintergrund wird das Verhalten der Führungskräfte immer wichtiger. Werte können hier eine hilfreiche Handlungsbasis darstellen, um den Anforderungen gerecht zu werden. Da der Wertewandel der Gesellschaft auch auf die Arbeitnehmer Einfluss hat, müssen sich Führende mehr mit der Frage befassen, wie sie den Bedürfnissen der Mitarbeiter gerecht werden können. Es zeigt sich, dass die menschliche Arbeitskraft ein sehr wertvolles Kapital darstellt. Vor allem Führungskräfte müssen lernen, verantwortungsvoll mit dieser wichtigen Ressource umzugehen.

2.2.2 Entwicklungen innerhalb der Wirtschaft

Die Wirtschaft von heute macht es Unternehmen nicht leicht, am Markt zu bestehen. Dafür lassen sich mehrere Gründe anführen. Zum einen schreitet die Globalisierung immer weiter fort. Durch die Globalisierung ist Kapital, Arbeit, Wissen und Information nahezu auf der ganzen Welt verfügbar. Eine fortschreitende Technologieentwicklung und die neuen Kommunikationswege bringen viele Vorteile für die Weltbevölkerung. Ein stärkerer Wettbewerbsdruck auf der anderen Seite führt dazu, dass Unternehmen zum Teil zu unmoralischen Maßnahmen greifen. Als Beispiele hierfür lassen sich Kinderarbeit, Ausbeutebetriebe oder die Umweltverschmutzung nennen (vgl. Dettmann 2005). Ein weiterer Aspekt ist die ständige Veränderung im Technologiebereich. Die Informations- und Kommunikationstechnologien werden immerfort weiterentwickelt und neue Produktionstechnologien halten Einzug in die Unternehmen (vgl. Scheitler/Wetzel, 2007). Folglich kann ein rasanter Wissens- und Informationszuwachs beobachtet werden. Während Informationen auch auf Computern gespeichert werden können, gehört Wissen zu den Menschen und wird angewandt, indem Informationen mit einem gewissen Zweck und Ziel verwendet werden (vgl. Wieland, 2001). Demnach sind auch Arbeitnehmer ein wichtiger Faktor im Unternehmen, da sie mit ihrem Wissen dem Unternehmen in vielfältiger Weise dienen können. Es sollte im Interesse der Unternehmen sein, optimale Bedingungen für die Arbeitnehmer zu schaffen, damit das Potenzial vollkommen ausgeschöpft wird und das Unternehmen davon profitiert.

Daher lässt sich sagen, dass Menschen in Führungspositionen herausgefordert sind, die wirtschaftlichen Interessen des Unternehmens zu verfolgen und gleichzeitig den Ansprüchen der Arbeitnehmer und der Gesellschaft gerecht zu werden. Unternehmen und Führungskräfte müssen angesichts der vorher beschriebenen Entwicklungen erkennen, dass der Mensch, ob als Kunde oder Mitarbeiter, mit seinem gesamten Potenzial einen wesentlichen Erfolgs-faktor darstellt und wesentlich dazu beiträgt, dass das Unternehmen im Wettbewerb beste-hen kann (vgl. Pircher-Friedrich, 2005).

3 Ansätze zur praktischen Umsetzung von Werten in der Mitarbeiterführung

Werteorientierte Führung lässt sich sehr deutlich mit dem Begriff der „artgerechten Haltung" erklären, der aus dem Tierreich bestens bekannt ist: ohne artgerechte Haltung werden Tiere krank, aggressiv anderen und sich selbst gegenüber und können – je nach Verstoß – sogar eingehen. Wird ein Mitarbeiter ohne Werteorientierung geführt, kann auch er auf Dauer we-der gesund noch zufrieden bleiben, weil die Voraussetzungen nicht stimmen. Seine Werte und somit seine inneren Motivatoren werden sprichwörtlich mit Füßen getreten. Er kündigt innerlich, bringt nicht mehr die Leistung, die von ihm erwartet wird und wird das Unterneh-men verlassen (müssen). Dieses Wissen kann sich Führung heute zunutze machen.

3.1 Grundeinstellung zu sich selbst und den Mitmenschen

Generell ist der Umgang mit den Mitmenschen von dem jeweiligen Menschenbild abhängig, das jeder Einzelne hat (vgl. Anker, 2005). Diese Grundhaltung bestimmt die Bedeutung, wel-che wir unseren Mitmenschen zukommen lassen (vgl. Holthaus, 2011).
Die Grundhaltung beim werteorientierten Führen sollte sich durch eine positive Einstellung gegenüber sich selbst und anderen auszeichnen. Demnach lässt man dem Anderen die Wertschätzung zukommen, die man sich selber auch gibt. Betrachtet man diese Einstellung genauer, wird deutlich, dass dies die ideale Einstellung ist, die man haben sollte. Führende mit dieser Einstellung sehen die Mitarbeiter als ebenbürtig an und ihr Verhalten ist von Ko-operation, Offenheit und Zuwendung geprägt. Dadurch, dass sie sich auf gleiche Augenhöhe mit den Mitarbeitern stellen, sind sie dazu in der Lage, sie als ganzheitliche Menschen mit ihren individuellen Bedürfnissen, Wünschen und Fähigkeiten zu sehen und darauf zu reagie-ren(vgl. Dietzfelbinger, 2000). Es lässt sich zusammenfassend sagen, dass Menschenbilder eine Basis für unser menschliches Verhalten darstellen. Führende die mit Werten führen wol-len, müssen sich demnach erst darüber klar werden, welches Menschenbild sie aufweisen. Erst dann ist es sinnvoll, sich mit Werten zu befassen.

3.2 Werte für Führungskräfte und deren Umsetzung in die Praxis

Im Folgenden sollen einige ausgewählte Werte dargestellt werden und es soll verdeutlicht werden, wie die Umsetzung im Führungsalltag aussehen kann. Ein wichtiger Wert ist die *Aufrichtigkeit* im Umgang miteinander (vgl. Holthaus, 2011). Unehrlichkeit führt dazu, dass

Beziehungen gestört werden. Führende müssen sich auch bewusst sein, dass sie sehr schnell Misstrauen bei ihren Mitarbeitern sähen bzw. das Arbeitsklima stören können, wenn sich nicht integer sind. *Integrität* bedeutet, dass die Ideale und Überzeugungen, aber auch die Aussagen eines Individuums mit der Praxis übereinstimmen (vgl. Holthaus 2011). In der Praxis wird dieser Wert z. B. beim Führen von Mitarbeitergesprächen sichtbar. Vor allem bei unangenehmen Gesprächen ist es wichtig, sich nicht in Halbwahrheiten zu flüchten, sondern *ehrlich Feedback* zu geben. Dabei ist es wichtig, dem Mitarbeiter in einer *wertschätzenden und offenen Haltung* zu begegnen und Kooperation zu zeigen, indem z. B. auch die Stellung des Gegenübers angehört wird. (vgl. Schuster, 2005). Im Zusammenhang damit lässt sich noch der Wert *Offenheit* nennen, der sich z. B. in der Bereitschaft zum Zuhören zeigt. Besonders für Führungskräfte ist es wichtig, den Mitarbeitern Gehör zu schenken, da sie dadurch wichtige Informationen erhalten und auch signalisieren, dass ihnen der Mitarbeiter wichtig ist (vgl. Sottong 2005). Zuhören kann sich beispielsweise dann als wichtig erweisen, wenn Mitarbeiter Qualitätsmängel bei einem bestimmten Produkt feststellen und dies an ihren Vorgesetzten weiterleiten. Als Nächstes soll der Wert *Vertrauen* genauer untersucht werden. Führungskräfte brauchen das Vertrauen ihrer Mitarbeiter, um sie beeinflussen und führen zu können. Auf der anderen Seite müssen sie auch ihren Mitarbeitern Vertrauen entgegenbringen (vgl. Sprenger 2002). Berücksichtigt man die verschiedenen wirtschaftlichen Veränderungen, wie die zunehmende Technologisierung oder die Zunahme des Wissens und der Informationen, erscheint diese These durchaus gerechtfertigt. In einer Arbeitswelt, wo die Komplexität zunimmt, stellt Vertrauen einen wichtigen Wert dar. Vertrauen zeigt sich konkret beispielsweise dadurch, dass Führende ihren Mitarbeitern so viele Freiräume und Gestaltungsräume wie nur möglich einräumen und Entscheidungen nach Möglichkeit mit ihnen gemeinsam treffen (vgl. Frey et al, 2004). Einen weiteren wichtigen Wert stellt die *Sinnvermittlung* dar. Ein großer Teil der Erwerbspersonen stellt sich heute die Frage, was die Arbeit persönlich für einen bringt. Bedingt durch den Wertewandel, ist eine Zunahme der Kritik der Arbeitnehmer gegenüber der Arbeit zu beobachten (vgl. Wollert, 2001). Die Berufstätigkeit dient zwar immer noch dazu, um sich finanziell abzusichern, jedoch wird sie auch zunehmend „zur zentralen Instanz für die eigenen Sinnperspektiven und die soziale Anerkennung" (Wollert, 2001). Mit anderen Worten dient die Arbeit auch dazu, um *sich selbst zu verwirklichen*. In der Führungspraxis kann dieser Wert z. B. dadurch umgesetzt werden, indem den Arbeitnehmern vermittelt wird, welche Bedeutung eine spezielle Arbeit im Unternehmen hat. Genauso sollten z. B. Problemstellungen ausreichend kommuniziert werden, damit derjenige, der sich damit befasst, auch konstruktive Beiträge zu Lösung liefern kann. Man kann auch sagen, dass die Sinnvermittlung mit der Verdeutlichung eines Ziels zusammenhängt. Des Weiteren ist festzustellen, dass klassische Tugenden oder Werte wieder an Bedeutung gewonnen haben. In diesem Zusammenhang ist zu erwähnen, dass Unternehmen immer mehr beklagen, dass ihre Bewerber immer weniger die notwendigen Kompetenzen mitbringen (vgl. Holthaus, 2011). Als durchaus wichtige Kompetenz ist die *Disziplin* zu nennen, die sich beispielsweise dadurch äußert, dass man sich an Regeln hält, verlässlich ist und verantwortungsvoll mit seiner Zeit umgeht. Gerade Führungskräfte sollten diesen Wert in ihrem persönlichen Wertekanon besitzen und ausleben. Durch ihr positives Verhalten, wie z. B. pünktliches Erscheinen bei Terminen oder Verbindlichkeit in ihren Aussagen, signalisieren sie den Mitarbeitern, dass sie zu den Werten stehen und dass ihr eigenes Verhalten darauf ausgelegt ist. Es kann gesagt werden, dass Mitarbeiter dadurch eher angespornt werden, von sich aus Disziplin bei der Arbeit zu zeigen. Es könnte hilfreich für Unternehmen sein, einen Wertekanon zu erstellen, in dem relevante Werte enthalten sind. Daraus lassen sich dann Richtlinien und schließlich Verhaltensweisen ableiten (vgl. Frey et al., 2004). Heutzutage ist ein Trend festzustellen, dass Unternehmen zunehmend Verhaltensrichtlinien, sowie Unternehmenswerte erstellen.

Ein Beispiel dafür ist das Unternehmen Sano-Moderne Tierernährung GmbH, das unter anderem folgende neue Werte 2016 einführen wollte: **Freundschaft, Leistungsbereitschaft, Mut, Wertschätzung und Ganzheitlichkeit.** Mit der Festlegung von Werten stellt sich auch die Forderung an die Unternehmen und die Führungskräfte, die Werte auch im Unternehmensalltag zu integrieren. Ebenso sollte man zuvor beachten, die Mitarbeiter frühzeitig mit einzubeziehen. Wenn dies nicht passiert, werden die Werte nicht anerkannt und man spricht von einem gescheiterten Change-Management.

3.3 Werte integrieren

Werte geben Orientierung - nicht nur im Alltag, sondern auch bei der Arbeit. Wer sich seine Werte erarbeitet hat, besitzt einen Kompass, um auch in unserer sich immer schneller verändernden Berufswelt die richtigen Wege zu finden. Werte helfen, unbekannte Situationen zu bewerten und bessere Entscheidungen zu treffen. Sie sind Leitsterne, weil sie eine Haltung und Einstellung widerspiegeln und vor allem unsere Handlungen und damit unsere Kommunikation mit anderen Menschen leiten. Unternehmenswerte oder gar eine Unternehmensphilosophie, die eine Marketingagentur entwickelt, werden das Denken und Handeln aber weder in der Führungsetage noch bei den Mitarbeitern beeinflussen. Die Entwicklung von Werten, die das Unternehmen tragen, ist vielmehr harte und persönliche Arbeit des Chefs und der Führungskräfte. Es reicht jedoch nicht die Werte zu definieren. Die große Herausforderung ist, sie konsistent in allen Bereichen des Firmenalltags umzusetzen. Der Ablauf der Integration von Werten wird mit folgender Grafik (in Anlehnung an Nau, 2017) genauer analysiert.

Schritt 1: Werte entwickeln

Mithilfe von sogenannten Wertelisten können Geschäftsführer Ihre Unternehmenswerte auf drei bis fünf essenzielle Werte festlegen. Dabei ist eine Diskussion mit Kollegen oder einem Coach wertvoll, denn es muss geklärt werden, weshalb am Schluss genau diese Begriffe gewählt wurden und welche Einstellung dahintersteckt. Bei der Entwicklung von Werten geht es nicht darum, einen Wunschtraum zu formulieren, sonder man sollte erfassen welche Werte bereits im Unternehmen gelebt werden.

Schritt 2: Werte integrieren

Um Werte zu integrieren muss der Werteprozess für alle Mitarbeiter transparent sein. Um einen Wert konkret fassbar zu machen, muss die Führungskraft den Wert vorleben. Lautet der Wert beispielsweise **Wertschätzung**, sollte die Führungskraft einen respektvollen Umgang mit den Mitarbeitern pflegen. Dazu gehört ein offenes 360 Grad Feedback und bei guter Leistung auch eine Anerkennung dieser. Wird der Wert nicht durch die Führungsebene gelebt, herrscht nicht nur Missmut bei den Mitarbeitern, sondern er wird nicht angenommen werden. Im schlimmsten Fall ist es schlechte Werbung für das Unternehmen.

Schritt 3: Präsent sein

Werte, die lediglich auf Plakaten, im Intranet oder auf der Homepage existieren, geraten in Vergessenheit. Sie sollten der wichtigste Leitfaden für die Mitarbeiter sein, da sie das Unternehmen prägen. Fatal wäre es, offene Kommunikation als Wert zu nennen, aber äußerst selten ansprechbar zu sein. Man könnte hierzu regelmäßige Teambesprechungen einführen, bei welchen jeder Mitarbeiter die Möglichkeit hat kurz einen Überblick über aktuelle Aufgaben, Erfolgsgeschichten, etc. mitzuteilen. Auch das Lob eines Kunden kann dort an alle weitergegeben werden. Wenn ein Mitarbeiter persönlichen Gesprächsbedarf anmeldet, sollten die Führungskraft bei nächster Gelegenheit auf ihn zugehen oder einen Termin vereinbaren.

Schritt 4: Weiterentwickeln

Werte sind fundamental, aber nicht für alle Zeit festgelegt. Ein Unternehmer und ein Unternehmen entwickeln sich ständig weiter, deshalb dürfen ursprüngliche Worte er gänzt werden. Jedoch sollte dies nicht alle paar Monate geschehen, sonst verliert man die Orientierung.

Zusammenfassend kann man sagen, dass Werte und eine wertorientierte Unternehmenskultur sich nicht einfach und schnell umsetzen lassen. Man muss systematisch vorgehen, um Werte in der Unternehmenskultur zu verankern, zu verändern und im Alltag zu leben. Es muss belohnt werden wenn Werte gelebt werden und es darf keiner ohne Konsequenzen gegen die gemeinsamen Werterichtlinien verstoßen. Wenn Werte gut umgesetzt werde, dann profitiert das ganze Unternehmen: Mitarbeiter identifizieren sich mit ihrer Arbeit, sind zufriedener und leistungsfähiger, außerdem sind sie loyaler gegenüber dem Unternehmen. Aber auch Kunden achten auf Corporate Identity und legen großen Wert auf ein stimmiges Gesamtbild. Unternehmen sind sozusagen gläserne Gebilde, denn jede Handlung, jede Kommunikation, jede Produktgestaltung, jeder Auftritt von Mitarbeitern und jede Stellenanzeige sind Spiegelbilder für gelebte oder nicht gelebte Werte.

4 Wirkung einer wertebasierten Führung auf die Mitarbeiter

4.1 Motivation bei der Arbeit

Motivation bringt das Individuum dazu, sein Verhalten konstant zu halten, auch wenn es dabei natürlich auch Ausnahmen gibt. Dabei ist die Motivation bei jedem Individuum unterschiedlich ausgeprägt. Nachhaltige Änderungen lassen sich nur langsam und Schritt für Schritt vornehmen. Es bedarf daher einer intensiven Befassung mit der Motivation, um Verhaltensänderungen hervorzurufen. Das Verhalten eines Menschen lässt sich aus der Motivation schließen (vgl. Albs, 2005). Beispielsweise kann ein Arbeitnehmer seine ganze Energie und Fähigkeiten in die Bewältigung einer Aufgabe investieren, weil er das Motiv hat, seine Arbeit gut zu machen und er möglicherweise auf Anerkennung hofft. Es ist in diesem Zusammenhang wichtig zwischen der intrinsischen und der extrinsischen Motivation zu unterscheiden. Das Erstgenannte meint ein von innen kommendes Streben, während der andere Begriff die Motivation aufgrund äußerer Umstände oder Antriebe meint (vgl. Albs, 2005). Es wird deutlich, dass die intrinsische Motivation besonders wertvoll für das Unternehmen ist, da ihre Eigenschaft vor allem daraus besteht anhaltend zu sein (vgl. Wollert, 2001).

Da Führungskräfte sich immer häufiger damit beschäftigen, wie sie ihre Mitarbeiter dazu bringen können, motivierter an die Arbeit zu gehen, wird nun analysiert, inwieweit das Verhalten der Führungskräfte Einfluss auf die Motivation der Mitarbeiter haben kann. Motivation wird durch verschiedene Einflüsse aus unterschiedlichen Bereichen, die zum großen Teil nicht im Arbeitsbereich liegen, bestimmt (vgl. Sprenger, 2002). Wichtige Bereiche sind die Gesellschaft, der Familien- und Freundeskreis und nicht zuletzt das Individuum mit seinen persönlichen Vorstellungen, Wünschen, Denkweisen und Werten.

Es stellt sich die Frage, inwieweit werteorientierte Führung Einfluss auf die von innen kommende Motivation hat. Es ist bekannt, dass Führung durchaus einen Einfluss auf die Mitarbeiter und ihre Motivation haben kann (vgl. Comelli/Rosenstiel, 2009). Als ein wesentlicher Motivationsfaktor wird hierbei die *Orientierung an Zielen* genannt. Die Erreichung des Ziels, welches klar formuliert, zeitorientiert, messbar und realistisch ist, führt demnach zu Erfolgserlebnissen und zur Steigerung des Selbstwertgefühls. Mit anderen Worten kann eine Zielorientierung eine positive Wirkung auf die Arbeitsmotivation haben.

Auch der Wert *Aufrichtigkeit*, der auch in der Äußerung von Anerkennung oder Kritik zur Geltung kommt, kann dazu führen, dass die Mitarbeiter mehr Motivation aufweisen. Dadurch, dass sie *Rückmeldung* von ihrem Vorgesetzten bekommen, bietet sich ihnen die Möglichkeit, ihr Verhalten oder Ergebnis aus einer anderen Perspektive zu sehen. *Lob und Anerkennung* führen in dieser Hinsicht häufig dazu, dass die Arbeit mit mehr Freude und mehr Engagement ausgeübt wird. Führungskräfte zeigen dadurch auch ihr persönliches Interesse an ihren Mitarbeitern und dass sie ihre Arbeit wertschätzen. Auch Kritik kann, wenn sie richtig geäußert wird, dazu anspornen, die Arbeit das nächste Mal besser zu machen (vgl. Comelli/Rosenstiel, 2009).

Abschließend soll auf den Wert *Vertrauen* näher eingegangen werden. Vertrauen ist eine wertvolle Basis, da dadurch die gemeinsame Verfolgung eines Ziels möglich wird. (vgl. Albs, 2005) Wenn Vertrauen besteht, ist das Miteinander auch von Wertschätzung und Achtung geprägt. Es gibt die These, dass Vertrauen in den Mitarbeiter die intrinsische Motivation fördert (vgl. Sprenger, 2002). Z. B. fördert die Überlassung von Handlungsspielräumen die innere Bindung an die Aufgabe oder Situation. Indem Freiheiten eingeräumt werden, erhält man die Möglichkeit, die eigene Kreativität und Individualität auszuleben und das Interesse an der Aufgabe wächst. Man kann demzufolge sagen, dass Vertrauen einen der wichtigsten Werte darstellt, da dadurch die besten Voraussetzungen für die Mitarbeiter geschaffen werden, sich engagiert und motiviert für die Arbeit einzusetzen.

Zusammenfassend lässt sich sagen, dass ethische Werte, die in der Führung aufgegriffen und umgesetzt werden, keine Garantie dafür sind, dass die Belegschaft eines Unternehmens motivierter arbeitet, da anhaltende Motivation von innen kommen muss. Jedoch bietet diese Herangehensweise angesichts der wenigen Möglichkeiten, die der Führungskraft zur Verfügung stehen, eine Chance, die Arbeitsmotivation positiv zu beeinflussen.

4.2 Loyalität und Identifikation mit dem Unternehmen

Weiterhin wird geprüft, inwieweit die Führungsweise Einfluss auf die Loyalität der Arbeitnehmer und die Arbeitsidentifikation hat. Loyalität seitens der Mitarbeiter hat die Bedeutung, dass Mitarbeiter „in hohem Maß mit den Zielen des Unternehmens übereinstimmen und sich aktiv für deren Realisierung einsetzen" (Wollert, 2001, S.56). Demnach hat Loyalität neben der freiwilligen Bindung an den Arbeitsplatz, auch viel mit Engagement und Motivation bei der Arbeit zu tun. Das Beratungsunternehmen Gallup untersucht jährlich durch Befragungen, wie die emotionale Bindung der deutschen Arbeitnehmer zu ihrem Arbeitgeber ist. Durch Hochrechnungen in der Studie von 2016 kam man zu dem Ergebnis, dass nur 15 % der deutschen Arbeitnehmer eine hohe emotionale Bindung aufweisen. Weiterhin wurde festgestellt, dass die Anzahl der Fehlzeiten, die Innovationsbereitschaft, die Fluktuationsneigung und die Weiterempfehlungsbereitschaft in direktem Zusammenhang damit stehen, wie hoch

oder niedrig die emotionale Bindung zum Arbeitgeber ist. Als Beispiel lässt sich die Fluktuationsneigung nennen. Demnach ist die Wahrscheinlichkeit gering, dass ein Mitarbeiter mit
hoher emotionaler Bindung sein Unternehmen aus eigenem Antrieb verlässt (vgl. Gallup
GmbH, 2017). Des Weiteren wurde ermittelt, dass der Großteil der befragten Personen zufrieden mit der Arbeit ist und auch die Entlohnung der Arbeit von vielen Arbeitnehmern als
angemessen angesehen wird (vgl. Gallup GmbH, 2017). Berücksichtigt man diesen Aspekt,
wird deutlich, dass neben den Rahmenbedingungen wie z. B. eine angemessene Entlohnung
auch andere Faktoren, wie das Verhalten des Vorgesetzten, dazu beitragen, wie hoch der
emotionale Bindungsgrad ist. Fehlende Loyalität kann nicht durch Anreize wie z. B. höhere
Löhne hergestellt werden. Vielmehr stellt der Umgang miteinander eine wichtige Basis für die
Loyalität der Mitarbeiter dar (vgl. Wollert, 2001). Werte in der Führung sind demzufolge nicht
nur deshalb notwendig, um den gesellschaftlichen und wirtschaftlichen Herausforderungen
der heutigen Zeit gewachsen zu sein, sondern auch um Mitarbeiter in ihrer Loyalität und
Identifikation mit dem Unternehmen zu stärken.

5 Fazit

Diese Studienarbeit hat gezeigt, dass Unternehmen und somit auch die Führungskräfte vielen Einflüssen ausgesetzt sind und sich diesen auch anpassen müssen. Vielfältige wirt-
schaftliche Veränderungen wie die zunehmende Technologisierung und der Wachstum der
globalen Vernetzung haben dazu geführt, dass auch die Arbeitswelt sich verändert und neue
Anforderungen an die Führungskräfte gestellt hat. Unternehmen, die heute am Markt beste-
hen wollen, müssen sich auch damit beschäftigen, wie sie zufriedene und motivierte Arbeitnehmer bekommen können. Auch gesellschaftliche Veränderungen, unter denen der demo-
graphische Wandel und der Wertewandel besonders herausstechen, können Unternehmen
nicht gleichgültig lassen, da sich die Lage in der Gesellschaft ebenfalls auf die Unternehmen
widerspiegelt. Vor diesem Hintergrund kann die werteorientierte Führungsweise, die anhand
von Beispielen zuvor vorgestellt wurde, einen wertvollen Beitrag innerhalb der Unternehmen
dazu leisten, zeitgemäß zu führen. Zeitgemäß bedeutet in diesem Zusammenhang, dass die
Unternehmen neben ihren wirtschaftlichen Interessen, die durchaus berechtigt sind, auch die
sozialen Bedürfnisse ihrer Arbeitnehmer in die Personalarbeit integrieren. Auch im Hinblick
auf die Förderung der Motivation und der Bindung der Arbeitnehmer an das Unternehmen
stellt eine ethische bzw. auf Werten gegründete Mitarbeiterführung eine geeignete Vorge-
hensweise im Führungsalltag dar. Werte, die allgemein in der Gesellschaft als gut und er-
strebenswert angesehen werden, bieten hierbei eine Orientierung. Hierbei stellt das persönliche Menschenbild eine Basis dar, da darauf das Verhalten gegründet ist. Es ist aber auch
wichtig zu betonen, dass es nicht nur dabei bleiben darf, persönliche Werterichtlinien zu er-

stellen oder davon zu sprechen. Das Wichtigste hierbei ist, dass die Werte konsequent im Führungsalltag umgesetzt werden.

Literaturverzeichnis

Albs, N. (2005). Wie *man Mitarbeiter motiviert, Motivation und Motivationsförderung im Führungsalltag*. Berlin: Cornelsen.

Anker, H. (2005). *Das Menschenbild des Neoliberalismus - die Fiktion von Freiheit und Verantwortung.* In: Graf, H.(Hrsg.): *Mit Sinn und Werten führen, Was Viktor E. Frankl Managern zu sagen hat.* Wien: LIT Verlag.

Comelli, G./Rosenstiel, L. (2009). *Führung durch Motivation, Mitarbeiter für Unternehmensziele gewinnen.* (4. Aufl.) München: Vahlen.

Dettmann, U. (2005). *Mit Moral zum Erfolg, Vom Wert der Unternehmensethik für den Unternehmenserfolg.* Bern: Haupt Verlag.

Dietzfelbinger, D. (2000). *Aller Anfang ist leicht, Unternehmens- und Wirtschaftsethik für die Praxis.* (2. Aufl.) München: Herbert Utz Verlag.

Duncker, C. (2005). *Was ist los mit den Deutschen?, Ein aktuelles empirisches Stimmungsbild und mittelfristige Trends.* Frankfurt am Main: Europäischer Verlag der Wissenschaften.

Frey, D. et al. (2004). *Wie viel Moral braucht der Mensch? Die Bedeutung von Werten und ethischen Prinzipien bei der Führung von Mitarbeitern.* In: Bohlander, H./Büscher, M. (Hrsg.): *Werte im Unternehmensalltag erkennen und gestalten.* München/Mering: Rainer Hampp Verlag.

Frölich-Steffen, S. (2005). *Grund(ge)recht führen, Zur praktischen Handlungsrelevanz der Grundrechte für Führungskräfte.* In: Meier, U. J./Sill, B. (Hrsg.): *Zwischen Gewissen und Gewinn, Werteorientierte Personalführung und Organisationsentwicklung.* Regensburg: Verlag Friedrich Pustet.

Gallup GmbH (22.03.2017). *Engagement Index Deutschland 2016.* Abgerufen am 04.09.2018, http://www.gallup.de/183104/engagement-index-deutschland.aspx

Holthaus, S. (2011). *Mit Werten führen, Erfolgsrezepte für Menschen in Verantwortung.* Bd. 5. Gießen: Brunnen Verlag.

Krumm, R. (2015). *Erfolg durch werteorientierte Führung.* Abgerufen am 25.08.2018. https://www.institut-fuer-persoenlichkeit.de/fileadmin/user_upload/bilder/Downloads/2015-01-HERO-Magazine_werteorientiertesFuehren.pdf

Nau, A. (14.04.2017). *Wie Werte Unternehmen tragen.* Abgerufen am 27.08.2018. https://www.computerwoche.de/a/wie-werte-unternehmen-tragen,3330249

Petz, M. F. (1997). *Führen-Fördern-Coachen, Wie man Mitarbeiter zum Erfolg führt.* Wien: Ueberreuter.

Pircher-Friedrich, A. M. (2005). *Die Bedeutung des Menschenbildes für Wertsteigerung und Lebensqualität in der Wirtschaft.* In: Graf, H.(Hrsg.): *Mit Sinn und Werten führen, Was Viktor E. Frankl Managern zu sagen hat.* Wien: LIT Verlag.

Rothenberger, P. (1992). Ein *Mehrebenenkonzept zur Diagnose von Werten in Unternehmen, Ein Beitrag zum wertorientierten Personalmangement.* Frankfurt am Main: Peter Lang GmbH, Internationaler Verlag der Wissenschaften.

Scheitler, C./Wetzel, S. (2007). *Werte, Worte, Taten und wie sie Realität in Unternehmen werden, Eine erfolgreiche Kompetenzentwicklung für Führungskräfte.* Bern: Haupt Verlag.

Schuster, B. (2005). *Psychologische Überlegungen zur Umsetzung von Werten in der Praxis der Personalführung.* In: Meier, U. J./Sill, B. (Hrsg.): *Zwischen Gewissen und Gewinn, Werteorientierte Personalführung und Organisationsentwicklung.* Regensburg: Verlag Friedrich Pustet.

Sottong, H. (2005). *Ein „offenes Ohr" für die Mitarbeiter?, Warum Unternehmen eine Ethik des Zuhörens entwicklen sollten.* In Meier, U. J./Sill, B. (Hrsg.): *Zwischen Gewissen und Gewinn, Werteorientierte Personalführung und Organisationsentwicklung.* Regensburg: Verlag Friedrich Pustet.

Sprenger, R. K. (2002). *Mythos Motivation, Wege aus einer Sackgasse.* (16. Aufl.). Frankfurt am Main/New York: Campus Verlag.

Sprenger, R. K. (2002). *Vertrauen führt, Worauf es im Unternehmen wirklich ankommt.* Frankfurt am Main/New York: Campus Verlag.

Wieland, J. (2001). *Moralische Aspekte des HumanCapitalManagements.* In: Wieland, J. (Hrsg.): *Human Capital und Werte, Die Renaissance des menschlichen Faktors.* Marburg: Metropolis Verlag.

Wollert, A. (2001). *Führen - Verantworten - Werte schaffen, Personalmanagement für eine neue Zeit.* Frankfurt am Main: Frankfurter Allgemeine Buch.

BEI GRIN MACHT SICH IHR
WISSEN BEZAHLT

- Wir veröffentlichen Ihre Hausarbeit,
  Bachelor- und Masterarbeit

- Ihr eigenes eBook und Buch -
  weltweit in allen wichtigen Shops

- Verdienen Sie an jedem Verkauf

Jetzt bei www.GRIN.com hochladen und kostenlos publizieren